BEI GRIN MACHT SICH IHR WISSEN BEZAHLT

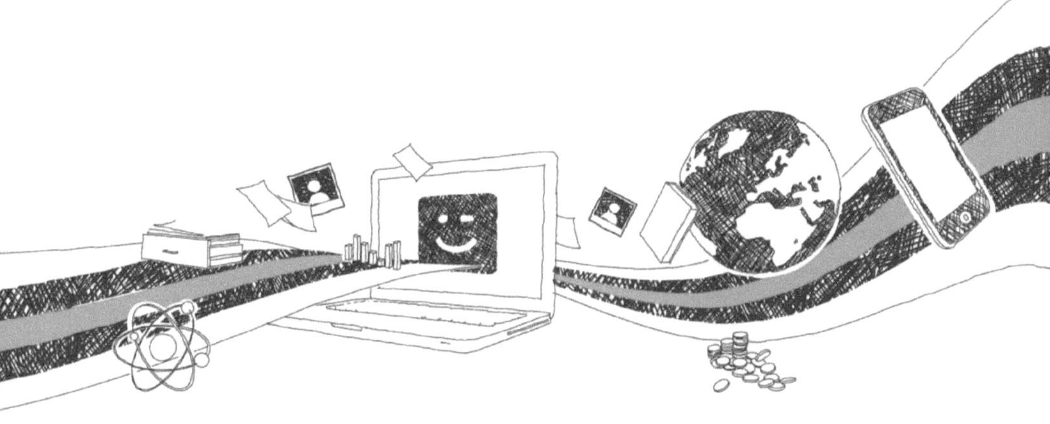

- Wir veröffentlichen Ihre Hausarbeit,
  Bachelor- und Masterarbeit

- Ihr eigenes eBook und Buch -
  weltweit in allen wichtigen Shops

- Verdienen Sie an jedem Verkauf

Jetzt bei www.GRIN.com hochladen
und kostenlos publizieren

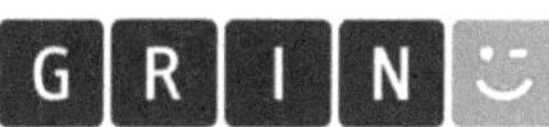

Ernst Probst

Jodie Foster - "Hollywoods klügste Schönheit"

GRIN Verlag

Bibliografische Information der Deutschen Nationalbibliothek:

Die Deutsche Bibliothek verzeichnet diese Publikation in der Deutschen National-
bibliografie; detaillierte bibliografische Daten sind im Internet über http://dnb.d-
nb.de/ abrufbar.

Impressum:

Copyright © 2012 GRIN Verlag, Open Publishing GmbH
Druck und Bindung: Books on Demand GmbH, Norderstedt Germany
ISBN: 978-3-656-20046-8

Dieses Buch bei GRIN:

http://www.grin.com/de/e-book/194450/jodie-foster-hollywoods-kluegste-schoenheit

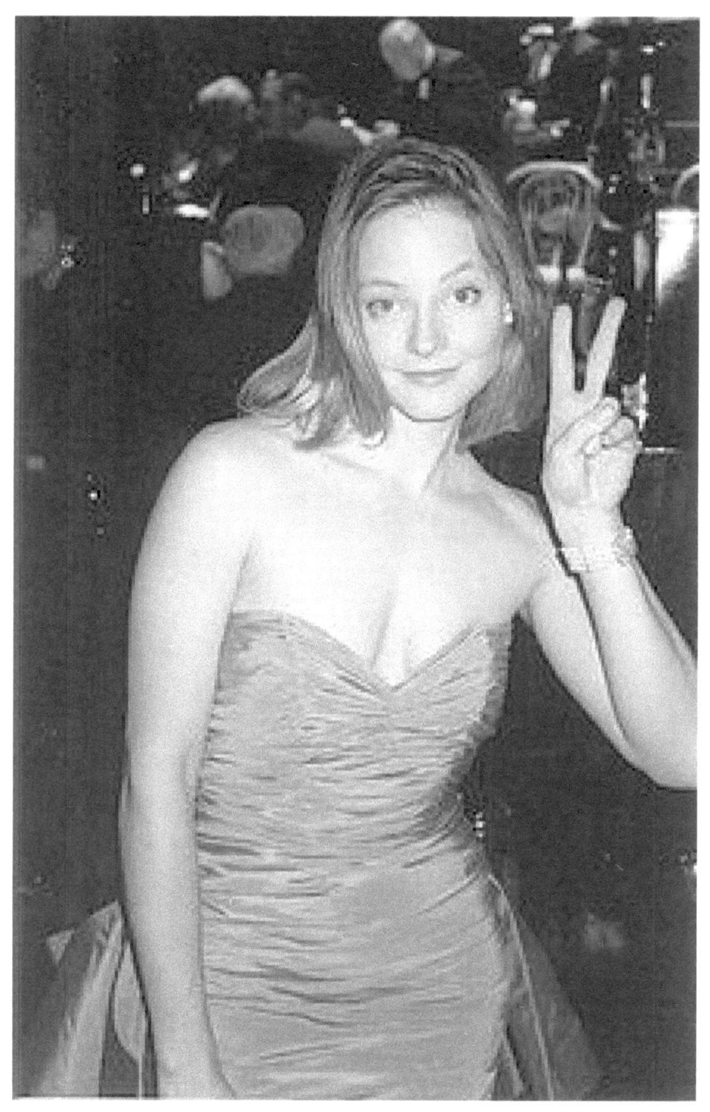

Jodie Foster bei der „Oscar"-Verleihung am 29. März 1989

Ernst Probst

Jodie Foster

„Hollywoods
klügste Schönheit"

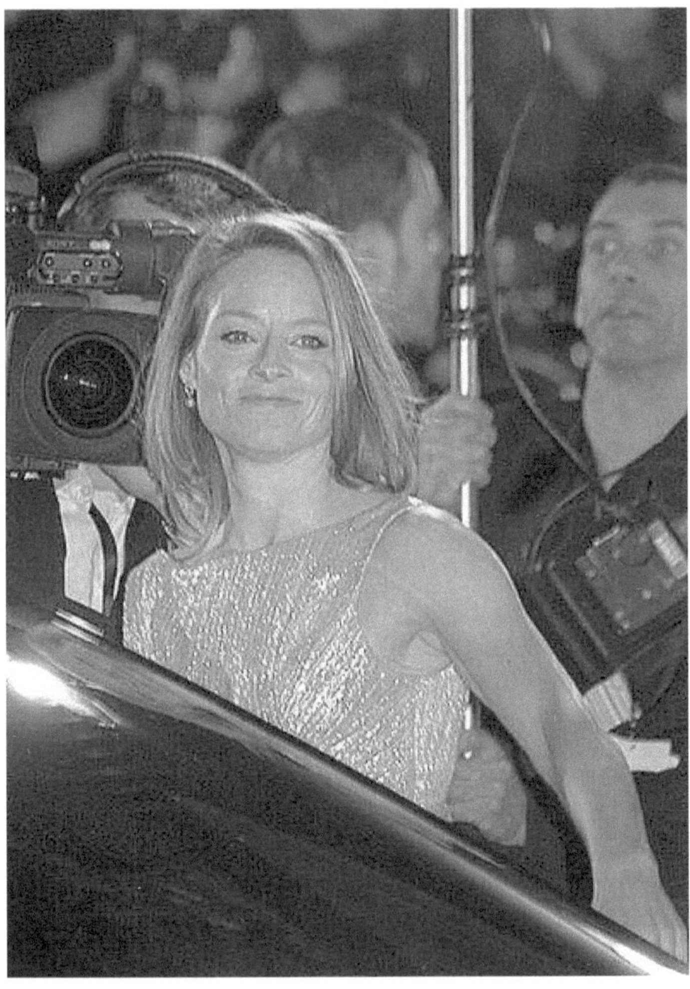

Jodie Foster bei der „Cesar"-Verleihung am 25. Februar 2011

Jodie Foster

„Hollywoods klügste Schönheit"

Ein Weltstar bereits vor ihrem 18. Geburtstag war die amerikanische Filmschauspielerin Jodie Foster, eigentlich Alicia Christian Foster. Ihr früher Ruhm basierte vor allem auf Rollen, in denen sie Kind-Frauen des „Lolita-Typs" verkörperte. Für zwei ihrer späteren Filme erhielt sie – 1989 und 1992 – je einen „Oscar" als beste Schauspielerin. Wegen ihres Yale-Examens und ihres Intelligenzquotienten (IQ) von 140 bezeichnete man sie als „Hollywoods klügste Schönheit".
Alicia Christian Foster erblickte am 19. November 1962 in Los Angeles (Kalifornien) das Licht der Welt. Sie war das jüngste der vier Kinder von Lucius Foster und Evelyn Ella „Brandy" Foster, geborene Almond. Ihre drei Geschwister nannten sie später „Jodie". Ihr Vater und ihre Mutter hatten bereits jeweils eine Ehe hinter sich, als sie 1954 in Tijuana (Mexiko) heirateten.
Aus der ersten Ehe des Vaters waren schon drei Kinder hervorgegangen, vier weitere kamen in seiner zweiten Ehe hinzu. Am 26. Oktober 1954 kam Courtney Lucinda „Cindy" zur Welt, am 30. Oktober 1955 Constanze Elizabeth „Connie" und am 12. Juli 1957 Lucius F. „Buddy". Der Vater war ein Kind deutscher Ein-

wanderer, diente als hoher Offizier bei der „U.S. Air Force" und arbeitete nach seiner Militärzeit als Immobilienmakler. Die Mutter war zeitweise für den Filmproduzenten Arthur Jacobs in Hollywood publizistisch tätig.

Jodie hat ihre deutschen Großeltern nie kennengelernt. Sie spricht außer Englisch fließend Französisch, jedoch kein Deutsch. Mitunter werden ihr angeblich typisch deutsche Charaktereigenschaften wie Sturheit, autoritäres Gehabe und Rechthaberei nachgesagt.

Nach der Geburt von drei Kindern reichte „Brandy" Foster am 3. August 1959 die Scheidung ein, die erst zwei Jahre später gültig wurde, weil der chronisch untreue Lucius Foster zunächst nicht darauf reagierte. Bei einer kurzen Wiederbegegnung der geschiedenen Eheleute ist Jodie gezeugt worden. Während der Geburt von Jodie am 19. November 1962 gab es Komplikationen, weil die Nabelschnur um ihren Hals gewickelt war. Anfang 1963 zog die Mutter („Mom") „Brandy" Foster, mit ihren vier Kindern ins San Fernando Valley im Nordwesten von Los Angeles. Dort wohnte sie zusammen mit ihren vier Kindern, ihrer Lebensgefährtin Josephine Dominguez („Jo D.") und deren Sohn Chris. „Jo D." steuerte den größten Teil zum Unterhalt bei und war etliche Jahre eine zweite Mutter für die vier Foster-Kinder. Auf „Jo D. wird von manchen Autoren der Vorname Jodie von Alicia Christian Foster zurückgeführt. Die Beziehung der beiden Frauen währte bis 1976. „In den Jahren mit Jo kamen wir einem glücklichen Familienleben am nächsten", erinnerte sich später Buddy. Jodie konnte bereits als Dreijährige Lesen.

Die in der Filmbranche arbeitende alleinerziehende Mutter stimmte aus finanziellen Gründen Werbeauftritten ihres Sohnes Buddy zu. Zu einem der Castings kam die dreijährige Jodie mit. Mitten in das Bewerbungsgespräch ihres fünf Jahre älteren Bruders für einen Fernseh-Werbespot platzte die Kleine und sagte: „Ich bin Alexander der Große". Überraschenderweise wurde daraufhin Jodie statt ihres Bruders Buddy engagiert. Fortan warb das niedliche Mädchen für die Sonnencreme „Coppertone". Im Werbespot entblößte ein süßer kleiner Hund ihr blankes weißes Hinterteil. Die Mutter stornierte nun Buddys Filmkarriere und kümmerte sich um Jodie.

Im Mai 1969 feierte die sechsjährige Jodie in der Fernsehserie „Mayberry" des amerikanischen Senders „Columbia Broadcastings System" („CBS") ihr Debüt auf dem Bildschirm. In der Serie spielte auch ihr Bruder Buddy mit. Während der folgenden fünf Jahre sah man sie in zwölf weiteren TV-Serien wie beispielsweise „Bonanza", „Kung Fu", „Bob & Carol & Ted & Alice", „Love Story", „The Addams Family" und „Paper Moon".

„Napoleon And Samantha" („Flucht in die Wildnis", 1972) hieß der erste Kinofilm, den die neunjährige Jodie

Foster für das Studio „Walt-Disney-Productions"
drehte. Er handelt von einem elfjährigen Jungen namens
Napoleon, der mit seinem zahmen Löwen Major bei
seinem Opa lebt. Nach dem Tod des alten Mannes be-
fürchtet Napoleon, zu einem fernen Onkel abge-
schoben und von seinem Löwen getrennt zu werden.
Mit seiner Freundin Samantha (Jodie Foster) und dem
Löwen flieht der Junge in die Berge, wo er den Einsiedler
Danny (Michael Douglas) zu finden hofft. Bei den
Dreharbeiten wurde Jodie von dem Löwen angefallen,
der schon in mehreren Tarzan-Filmen mitgewirkt hatte,
entkam aber unverletzt. In den 1970-er Jahren spielte
sie in weiteren Filmen für „Walt-Disney-Productions"
mit.
Jodie war, wie sie später selbst über sich sagte, ein ernstes
Kind, ein Streber, reserviert, kontrolliert und fleißig. Im
Gegensatz zu anderen Mädchen hasste sie „Barbie"-
Puppen, Schmuck und Kleider, am liebsten spielte sie
James Bond. Bereits als Kind war sie für das finanzielle
Wohlergehen ihrer Mutter und Geschwister verant-
wortlich. Sie hätte gern mehr erlebt, aber es gab einige
Dinge, die sie nie tun konnte.
Einen ganz anderen Charakter als Jodie hatte ihr Bruder
Buddy. Dieser verließ 1972 mit 15 Jahren sein Zuhause,
schloss nicht die High School ab und wurde drogen-
abhängig.
Jodies erster Streifen für Erwachsene trug den Titel
„Round Up" („Kansas City Bomber", 1973). Mit einer

Nebenrolle in „Alice Doesn't Live Here Anymore"
(„Alice lebt hier nicht mehr", 1974) bewies sie dem Regisseur Martin Scorsese ihr schauspielerischen Talent.
Internationalen Erfolg erntete Jodie Foster in „Taxi
Driver" (1976) unter der Regie von Martin Scorsese.
Darin stellte die Dreizehnjährige eine naiv-durch-
triebene New Yorker Babystricherin dar, die von einem
taxifahrenden Vietnam-Veteranen (verkörpert von
Robert de Niro) im Blutrausch von ihrem Zuhälter
freigeschossen wurde. Für ihre überzeugende Rolle
erhielt sie eine „Oscar"-Nominierung als beste Nebendarstellerin, zwei „British Academy Awards" und den
„David di Donatello". 1976 galt sie als eine von zwölf
vielversprechendsten neuen Schausspielerinnen des
Jahres.

Ab ihrem Auftritt in „Taxi Driver" wurde Jodie Foster
von einem Wirrkopf namens John Hinckley mit Briefen
voller Liebeserklärungen und Morddrohungen tyran-
nsiert. Womöglich war dies der wichtigste Grund für
ihre spätere Publikums- und Beziehungsangst.

Danach mimte Jodie Foster eine Gangsterbraut in
„Bugsy Malone" (1976), eine minderjährige Mörderin
in „The Little Girl Wo Lives Down The Lane" („Das
Mädchen am Ende der Straße", 1976) und einen
einsamen Teenager, der sich einer Tingeltangelgruppe
anschließt, in „Carny" („Jahrmarkt", 1980). Als einer
ihrer besten Filme gilt „Foxes" („Jeanies Clicque", 1980)
über junge Leute in Los Angeles, die mit Discobesuchen,

Drogen, flotten Sprüchen und lockeren Sexerlebnissen ihre innere Unsicherheit verbergen.

Im Kassenknüller „Star Wars" („Krieg der Sterne", 1977) hätte Jodie Foster die Rolle der Prinzessin Leia Organa verkörpern können. Doch sie musste wegen vertraglicher Verpflichtungen gegenüber dem Disney-Konzern dieses Angebot ablehnen. Auch später bot man ihr immer wieder Rollen an, die sie aus unterschiedlichen Gründen nicht annahm.

Im Juni 1980 verließ Jodie Foster als Klassenbeste das zweisprachige „Lycée Français" in Los Angeles. Anschließend studierte sie von 1980 bis 1985 Literatur an der Yale-University in New Haven (Connecticut) und pausierte zeitweise vom Film.

Ohne ihr Zutun erregte Jodie Foster während ihres Studiums die Aufmerksamkeit der Medien. Der bereits erwähnte Psychopath namens John Hinckley schoss am 30. März 1981 auf den amerikanischen Präsidenten Ronald Reagan (1911–2004), um Jodie angeblich seine Liebe zu beweisen. Nach dieser Tat fand man bei Hinckley einen Brief an Jodie. Er hatte sie bereits früher mit Briefen und Telefonanrufen belästigt. In einem Artikel in „Esquire" erklärte Jodie 1982: „Ich werde immer Menschen misstrauen, die mir ihre Liebe gestehen".

Als Studentin schrieb Jodie Foster einige Zeitschriftenartikel. Unter anderem führte sie ein Interview mit der Schauspielerin Nastassja Kinski, freundete sich mit ihr an und hoffte, mit ihr zusammen mal in einem Film auftreten zu können.

Auch als Studentin wandte sich Jodie Foster nicht völlig von der Filmwelt ab. Für die Zeit ihres Studiums erwähnt ihre Filmografie folgende Titel: „O'Hara's Wife" („Spuk im Ehebett", 1982), „Svengali" („Obsession – Die dunkle Seite des Ruhms", Fernsehfilm 1983), „The Hotel New Hampshire" („Hotel New Hampshire", 1984), „Ein Engel auf Erden" (Gastrolle 1984) und „Les Sang Des Autres" „Das Blut der Anderen", 1984).

Durch „The Hotel New Hampshire" erfüllte sich der Wunsch von Jodie Foster, gemeinsam mit Nastassja Kinski zu drehen. Zu ihrer Mitwirkung in „Le Sang des Autres" nach einem Roman von Simone de Beauvoir (1908–1986) wurde Jodie durch den französischen Regisseur Claude Chabrol bewogen. Sie achtete stets darauf, möglichst in ambitionierten Filmen mitzuwirken.

1985 erwarb Jodie Foster mit einer wissenschaftlichen Arbeit über die farbige amerikanische Autorin Toni Morrison den akademischen Titel „Bachelor of Arts". Ihr Universitätsstudium schloss sie mit der zweitbesten Note „magna cum laude" („mit großen Lob") ab.

Auch als Erwachsene blieb Jodie Foster eine kleine und zierliche Frau. Im Internet wird ihre Körpergröße mit 1,62 Meter und ihr Gewicht mit 52 Kilogramm angegeben. Ihre natürliche Haarfarbe ist Blond und ihre Augenfarbe Blau. Als eines ihrer Kennzeichen gilt ihre tiefe Stimme.

Der Durchbruch als Charakterschauspielerin gelang Jodie Foster in „The Accused" („Angeklagt", 1988). Darin spielte sie die sinnliche Kellnerin Sexy Sadi, die von einer Gruppe junger Männer vergewaltigt wird und nach dem Prozess gegen diese weiter um ihr Recht kämpft. Dafür wurde sie 1989 mit dem „Oscar" als beste weibliche Hauptdarstellerin ausgezeichnet.
Ihren zweiten „Oscar" als beste weibliche Darstellerin erntete sie für ihre Hauptrolle in „The Silence Of T he Lambs" („Das Schweigen der Lämmer", 1991). In diesem Psycho-Thriller verkörperte sie die mutige FBI-Agentin Clarice Starling, die einen wahnsinnigen Ex-Psychiater und Killer im Gefängnis aufsucht, um eine neue unheimliche Mordserie aufzuklären.
Nach diesem Welterfolg inszenierte Jodie Foster ihren ersten Spielfilm mit dem Titel „Little Man Tate" („Das Wunderkind Tate", 1991), bei dem sie erstmals Regie führte. Er handelt von einem kleinen genialen Jungen, der hin und her gerissen wird zwischen seiner von Jodie gespielten ledigen Mutter und Kellnerin sowie einer Schulpsychologin, die seine Talente energischer fördern will.
Bei einem Interview mit dem Nachrichten-Magazin „Der Spiegel" erklärte Jodie Foster 1992, sie habe großes Glück gehabt, dass sie 25 Jahre lang als Schauspielerin Erfahrungen sammeln konnte, die sie jetzt als Regisseurin verwerten oder verwerfen könne. Im Unterschied zu Regisseuren, die von der Filmtechnik kommen, wisse

sie, was Spielen heiße. Für einen Schauspieler gebe es nichts Besseres als einen Regisseur, der einem die Szenen auch vorspielen könne. Eigentlich hätte es bei ihrer Regiearbeit nur ein Problem gegeben. Die Doppelarbeit sei unendlich ermüdend und anstrengend gewesen.

In dem 1992 geführten „Spiegel-Interview" verriet Jodie Foster auch, dass sie sich immer noch in Fastfood-Restaurants mit Papptellern und Selbstbedienung traue. Sie esse lieber im Auto einen Hamburger, als mit jemand zum Essen zu gehen. Ein solches Arbeitsessen koste einfach zuviel Zeit und sie habe es nicht gern, wenn man Geschäft und Privates miteinander vermische. Auf die Frage, ob sie ihre Wäsche selbst in einen Waschsalon bringe, antwortete sie, sie schicke dieser der Putzfrau ihrer Mutter, die eine Waschmaschine und einen Trockner besäße.

1994 sah man Jodie Foster in der Westernkomödie „Maverick" („Maverick – Den Colt am Gürtel, ein As im Ärmel") und in ihrer Lieblingsrolle „Nell". Der Film „Nell" erzählt intelligent die Geschichte eines Arztes (Liam Neeson) und seiner Entdeckung einer rätselhaften Frau namens Nell (Jodie Foster). Nell wurde in den Wäldern erzogen und hatte keine menschlichen Kontakte außer zu ihrer sprachbehinderten Mutter.

Bei „Home for the Holidays" („Familienfest und andere Schwierigkeiten", 1995) fungierte Jodie Foster als Regisseurin und Produzentin. Seit ihrer Regiearbeit bei „Home for the Holidays" gehört Jodie zu den einflussreichsten und höchstdotierten Frauen Hollywoods.

1997 veröffentlichte Buddy Foster das Buch „Foster Child", in dem er andeutete, seine berühmte Schwester Jodie sei lesbisch oder zumindest bisexuell. In Zeitungsartikeln hieß es, der gescheiterte Schauspieler, Buddy versuche sich nach zwei gescheiterten Ehen, einem Selbstmordversuch und einer dritten Heirat als Bauunternehmer. Die „Berliner Zeitung" berichtete hierüber am 24. Mai 1977 unter dem Titel „Bekenntnisse eines Verlierers". In der „New York Post" hieß es: „Fosters Tarnung fliegt auf".

Mehrere amerikanische Universitäten haben Jodie Foster den Ehrendoktor-Titel verliehen. 1971 sprach ihr die „Yale University" für ihr Schaffen den Ehrendoktor-Titel für „Fine Art" („Schöne Künste") zu. Weitere Ehrendoktor-Titel erhielt sie vom Smith College in Northampton (Massachusetts) und im Mai 2006 von der „University oft Pennsylvania" in Philadelphia. Obwohl sie sich nie einem Test unterzog, schätzte man ihren Intelligenzquotienten („IQ") überdurchschnittlich auf 140.

„Contact" (1997) war der erste Science fictions-Film von Jodie Foster. Darin mimte sie eine Radio-Astronomin, die seit ihrer Kindheit in den Weltraum lauscht und tatsächlich fündig wird. Im Folgejahr spielte sie bei der tatsächlichen Entdeckung eines Himmelskörpers in der Astronomie eine Rolle. Ein am 18. Januar 1998 entdeckter Asteroid mit einem mittleren Durchmesser von 700 Metern wurde zu ihren Ehren als „(17744)Jodiefoster" benannt.

Privat lebt Jodie Foster zurückgezogen im San-Fernando-Tal (Kalifornien). Sie liest gern, sammelt zeitgenössische Kunst und schätzt die thailändische Küche, liebt Kickboxen, Yoga, Karate, Aerobic und Gewichtheben und fürchtet sich vor Schlangen. Bereits mit 14 Jahren sprach sie fließend Französisch und mit 18 Italienisch.

Am 20. Juli 1998 brachte die 35-jährige Jodie Foster in Los Angeles (Kalifornien) ihren Sohn Charlie zur Welt. Hierzu erklärte sie, dies sei das Erfreulichste und Kreativste, was sie je in ihrem Leben geschaffen habe. Wer der Vater des Jungen ist, bleibt ihr Geheimnis. Man munkelte, das Kind sei das Ergebnis einer künstlichen Befruchtung. In der Presse erregt es großes Aufsehen dass eine lebische Frau ein Kind gebar.

Nach einer wenige Monate langen Babypause spielte Jodie Foster die weibliche Hauptrolle als Engländerin Anna Leonowens (1831–1915), die den König von Siam heiratet, in dem Film „Anna And The King" („Anna und der König", 1999). Hierfür erhielt sie eine Gage von 15 Millionen US-Dollar. Weil die thailändischen Zensoren die Dreherlaubnis für diesen Streifen in ihrem Land verweigerten, baute man eine Kulissenstadt am Rande des Dschungels in Malaysia. Bei den Dreharbeiten war es so heiß, dass fast täglich jemand von der Filmcrew umfiel. Jodie war für ihre Rolle eingepackt in ein eng geschnürtes Korsett und in ein halbes Dutzend Unterröcke. Am Set mit dabei war ihr kleiner Sohn Charlie. Bei der Ankunft war er sechs Monate alt, bei der Abreise zehn.

Ungeachtet ihrer phänomenalen Erfolge auf der Kinoleinwand konnte sich Jodie Foster im Alter von 37 Jahren auch ein Leben außerhalb der Filmwelt vorstellen. In einem Interview mit dem Nachrichten-Magazin „Der Spiegel" erklärte sie im Januar 2000, wenn Hollywood eines Tages die Nase voll habe von ihr, würde sie ihr Brot als Lehrerin verdienen. Sie habe den Filmjob zwar seit ihrem dritten Lebensjahr, sei aber glücklicherweise nie ein putziges Hollywood-Püppchen gewesen. Immer hätte sie Rollen von ganz normalen Kindern und Teenies gehabt. Während ihres Studiums sei sie drei Jahre von der Bildfläche verschwunden. Als sie wieder aufgetaucht sei, sei sie erwachsen gewesen.

Im Januar 2001 erklärte sich Jodie Foster bereit, bei den Filmfestspielen in Cannes den Jury-Vorsitz zu übernehmen. Die fließend französisch sprechende Jodie hat eine besondere Beziehung zu Cannes. Dort hatte sie 1976 bei den Filmfestspielen die „Goldene Palme" für ihre Rolle in „Taxi Driver" erhalten, der ihrer Karriere einen entscheidenden Schub gegeben hatte. „Seit meiner Kindheit habe ich davon geträumt, die Ehre zu erhalten, Vorsitzende der Jury in Cannes zu sein", erklärte sie im Januar 2001. Doch Anfang Februar 2001 teilte das

Festkomitee von Cannes mit, Jodie Foster habe keine Zeit für den Jury-Vorsitz. Der Grund für die überraschende Absage: Jodie musste als Ersatz für Nicole Kidman einspringen, die bei den Dreharbeiten für „The Panic Room" (2002) eine Knieverletzung erlitten hatte und ihre Rolle aufgeben musste. Jodie erklärte, ihr breche wegen der Absage das Herz, sie hoffe aber, dass sie eines Tages erneut die Ehre erhalte, den Jury-Vorsitz angetragen zu bekommen.

Bei dem Film „Panic Room" handelt es sich um ein Einbrecherdrama. Darin verkörpert Jodie Foster eine frisch geschiedene Mutter, die mit ihrer elfjährigen Tochter in ein luxuriöses Stadthaus in New York City einzieht, das vorher einem behinderten Millionär gehört hatte. Zur Ausstattung gehört ein einbruchsicherer „Panikraum" („Panic Room"), der angeblich perfekten Schutz bietet und mit modernster Sicherheitstechnik ausgestattet ist. Ausgerechnet dieser „Panikraum", in dem sich ein Tresor mit Wertpapieren befindet, ist das Ziel von drei Einbrechern, die in der ersten Nacht in die vermeintlich leerstehende Villa eindringen. Mutter und Tochter können in letzter Sekunde in den „Panic Room" flüchten. Doch leider ist die Telefonleitung zur Polizei noch nicht freigeschaltet und einer der Einbrecher ist ausgerechnet ein Mitarbeiter der Sicherheitsfirma, die den „Panikraum" mit dicken Stahlbetonwänden, Überwachungsmonitoren, separater Belüftung und eigenem Telefonanschluss eingerichtet hat.

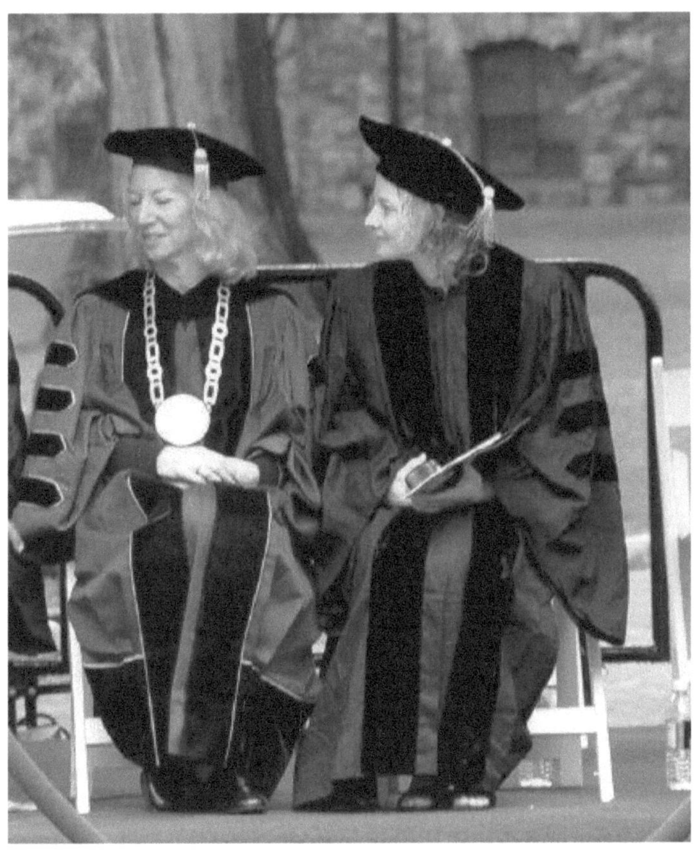

*Jodie Foster (rechts) am 15. Mai 2006
in der „University of Pennsylvania",
neben ihr Universitätspräsidentin Dr. Amy Gutman*

Im Sommer 2001 versöhnte sich die damals 38 Jahre alte Jodie Foster wieder mit ihrem Vater Lucius Foster. Zu ihm hatte sie mehr als drei Jahrzehnte lang keinen Kontakt mehr gehabt.

Im Alter von 38 Jahren gebar Jodie Foster am 29. September 2001 ihren Sohn Kit. Auch sein Vater ist nicht bekannt. Aus familiären Gründen löste Jodie 2001 ihre 1990 gegründete Produktionsfirma „Egg Pictures" auf, weil sie mehr Zeit für ihre Kinder haben wollte. Neben ihren eigenen Filmen hatte sie die Titel „Lost Heaven", „Waking the Dead" und „Baby Blues" produziert.

2002 wählte das „People Magazine" Jodie Foster zu einem der 50 schönsten Menschen der Welt. Wegen ihrer feinen Gesichtszüge wird sie seit eh und je von ihren Fans in aller Welt bewundert.

An einem Wochenende im September 2005 eroberte der Thriller „Flightplan" („Flightplan – Ohne jede Spur", 2005), in dem Jodie Foster mitwirkte, den Spitzenplatz der amerikanischen Kinocharts. Dieser Streifen des deutschen Regisseurs Robert Schwendtke war die erste Nummer eins für Disneys Filmvertrieb „Buena Vista" seit fünf Monaten. Die Handlung: Jodie Foster spielt eine Mutter, die während eines Fluges von Berlin in die USA ihre kleine Tochter an Bord eines Riesenflugzeugs verliert und in ein terroristisches Komplott verstrickt wird.

Mit einer Gagenforderung von schätzungsweise zehn bis zwölf Millionen US-Dollar pro Film belegte Jodie

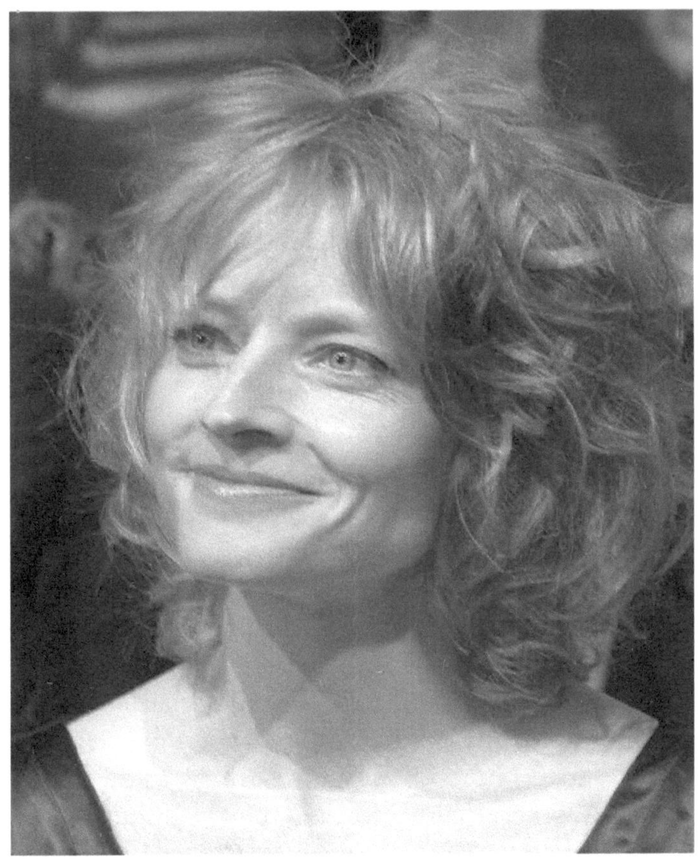

Fotos auf den Seiten 22 und 23:
Jodie Foster bei der deutschen Filmpremiere von „The Brave One"
in Berlin am 13. September 2007

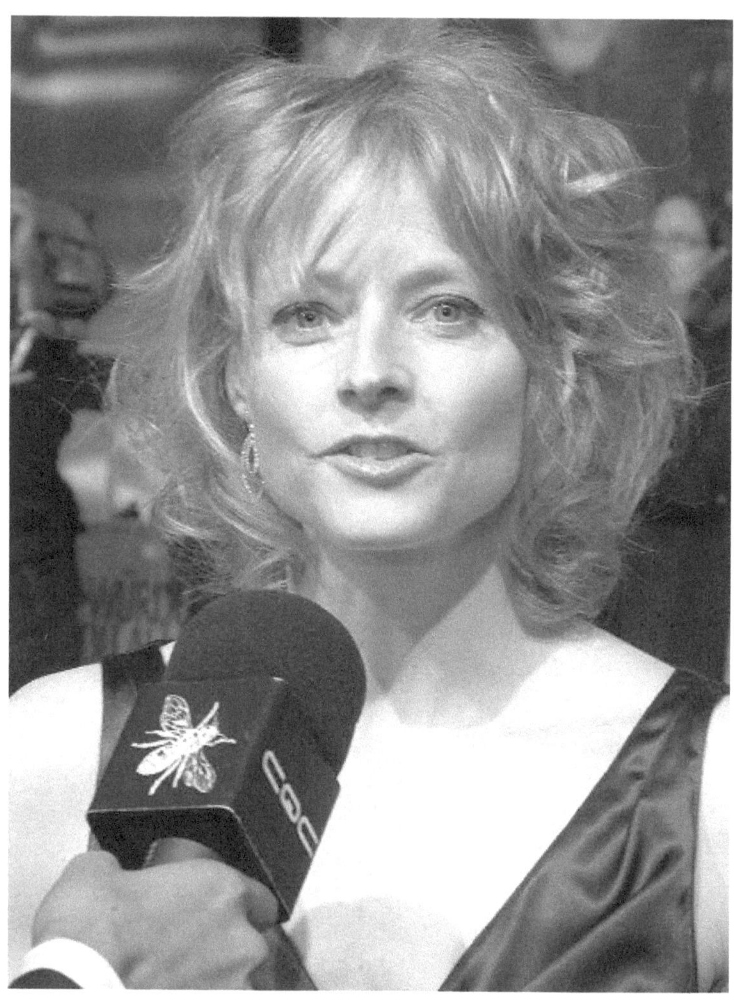

Foster 2007 in einer Rangliste des „Hollywood Reporter" den neunten Platz. 2007 galt sie als einer der 50 klügsten Köpfe in Hollywood. Im Juli 2008 lag sie mit Gagen von 23 Millionen US-Dollar (zwischen Juni 2007 und Juli 2008) hinter Cameron Diaz, Keira Knightley, Jennifer Aniston, Resse Witherspoon und Gwyneth Paltrow bereits auf dem sechsten Rang unter den bestbezahlten Schauspielerinnen in Hollywood.

Viel Blut floss in dem Film „The Brave One" („Die Fremde in dir", 2007), in dem Jodie Foster auf den Spuren von Charles Bronson (1921–2003) in „Ein Mann sieht rot" (1974) wandelte. Sie verkörperte darin eine Frau, die zusammen mit ihrem Verlobten und ihrem Hund bei einem nächtlichen Spaziergang im New Yorker Central Park brutal überfallen und brutal zusammengeschlagen wurde. Als sie nach drei Wochen aus dem Koma erwachte, war ihr Verlobter tot. Nach diesem schrecklichen Erlebnis kaufte sich jene Frau eine Pistole und schoss jeden über den Haufen, der ihr dumm daherkam. Der Regisseur Neil Jordan schilderte New York City in diesem gewalttätigen Streifen als „Vorhof der Hölle mit Rowdys, Drogenhändlern und anderem Abschaum".

Im Dezember 2007 bekannte Jodie Foster sich erstmals öffentlich zu ihrer langjährigen Lebensgefährtin, der Filmproduzentin Cydney Bernard, die sie bei den Dreharbeiten für „Sommersby" (1993) kennengelernt hatte. Mit ihr war sie 14 Jahre zusammen, bevor sie sich

2008 von ihr trennte. Trennungsgrund war Cindy Mort. Bald machte Jodie am eigenen Leib die schmerzliche Erfahrung, wie es ist, wenn man von jemand verlassen wird. Cindy Mort trennte sich von Jodie und kehrte zu ihrer früheren Lebensgefährtin Amanda Demme zurück.

Zum erstenmal in ihrem Leben besuchte Jodie Foster im Januar 2011 eine Pariser Modeschau. Die 48-Jährige war bei der Präsentation der Nobellinie „Armani Privé" von Giorgio Armani neben Sophia Loren einer der Stargäste. Nach der Schau erklärte Jodie, sie würde sich – bei allem Lob – diese Kleider nicht selbst anziehen. Laut „Der Spiegel" wirkten die Entwürfe von Armani so über- und außerirdisch, dass sich die Frage aufdrängte, bei welcher Gelegenheit diese Gebilde getragen werden könnten. Das größte Aufsehen erregten lange Roben, die aus eleganten Tüten zu bestehen schienen.

Im April 2011 berichteten die Medien, Jodie Foster wolle ihre Luxus-Villa in Beverly Hills auf einem 3.600 Quadratmeter großen Grundstück mit Tennisplatz, Swimming Pool und Umkleidehäuschen für fast zehn Millionen Dollar verkaufen. Einen Blick auf das Objekt dürften potentielle Käufer aber nicht werfen. Denn nach Auffassung von Jodie sollte die Luxus-Villa mit sieben Schlafzimmern, acht Bädern und anderen Räumen dem Erdboden gleichgemacht werden, um etwas neuem Platz zu machen.

In „Carnage" („Der Gott des Gemetzels", 2011) unter der Regie von Roman Polanski verkörperte Jodie Foster überzeugend die Rolle einer Mutter. Dieser Film handelt von zwei Ehepaaren, die an einem Abend die Rauferei ihrer jeweiligen Sprösslinge besprechen. Dabei entwickelt sich ein Gemetzel über Werte und Lebensmodelle. Die Kinder stehen für einen Stellvertreterkrieg und dafür, was erlaubt ist, wie weit man gehen darf und wie Erziehung funktioniert.

Als Jodie Foster in Papua-Neuguinea gerade ihren Unterwasserfilm abgedreht hatte, begegnete sie der deutschen Schauspielerin, Filmregisseurin und Fotografiin Leni Riefenstahl (1902–2003). Letztere hatte mit 72 Jahren das Tauchen gelernt. Foster und Riefenstahl frühstückten zusammen und blieben in Kontakt. Lange Zeit plante Jodie einen Film über das Leben und Werk der Riefenstahl, die sie als genialste Regisseurin der Filmgeschichte betrachtete. Diese habe aber ihre Kunst für die Nazi-Propaganda eingesetzt und verkörpere für sie ein fundamentales Dilemma des Künstlers: den Konflikt zwischen künstlerischer Kreativität und moralischer Verantwortung.

In dem Film „The Beaver" („Der Biber", 2011) fungierte Jodie Foster als Schauspielerin und Regisseurin. Darin spielte sie die Ehefrau eines manisch-depressiven Mannes, der sich mit seiner Umwelt nur noch mit seiner Biber-Handpuppe verständigt. Die männliche Hauptrolle hatte der 55-jährige Hollywood-Macho Mel

Gibson, der zuvor durch sein Privatleben negative Schlagzeilen machte.

Bei der Premiere von „The Beaver" gab Jodie Foster bekannt, sie wolle ihren Plan für einen Film über Leni Riefenstahl nicht mehr verwirklichen, da sie sich für die Rolle der deutschen Regisseurin als zu alt empfände. Es käme für sie auch nicht in Frage, bei diesem Film nur Regie zu führen und ihn zuproduzieren.

In einem Interview mit der Wiener Tageszeitung „Die Presse" im November 2011 verriet Jodie Foster, Veränderungen fielen ihr schwer. Sie finde es furchtbar, sich von einer gewohnten Umgebung zu verabschieden. Es sehr sehr schwierig für sie, sich von Dingen, die ihr Stabilität verliehen, zu trennen. Das könne beispielsweise ein Haus, ein Auto sein. Sie sei sich bewusst, dass diese Tendenz bedeute, dass sie zu sehr an der Vergangenheit hänge. Positiv gesehen sei sie sehr loyal, aber es sei schwer, in die Zukunft zu sehen, wenn man sich von einer Vergangenheit nicht verabschieden könne.

„Ich bin keine Diva, ich sehe mich nicht als eine dieser prätentiösen Schauspielerinnen, die diese Laufbahn nur gewählt haben, um Beachtung zu bekommen", sagte Jodie Foster beim Interview für „Die Presse" und fügte hinzu: „Ich mache das hier, weil ich Geschichten erzählen möchte und weil ich den Film liebe."

Im Dezember 2011 machte der damals 89 Jahre alte Vater von Jodie Foster, der sich mit Hilfe eines Gehstocks fortbewegte, unrühmliche Schlagzeilen. Ein Gericht in

Kalifornien verurteilte Lucius Foster damals wegen Immoblienschwindels zu fünf Jahren Gefängnis. Man befand ihn für schuldig, nahezu zwei Dutzend Interessenten an Immobilien um insgesamt 130.000 US-Dollar gebracht zu haben. Der Immobilienmakler Foster hatte oft mit dem Hinweis auf seine berühmte Tochter Jodie, mit er aber gar keinen Kontakt mehr hatte, das Vertrauen seiner Kunden erschlichen. Mit seinen Opfern hatte er für einen Scheck von jeweils 5.000 US-Dollar einen Vertrag für den Bau eines Fertighauses im San Fernando Valley nördlich von Los Angeles geschlossen. Doch nach Angaben des Staatsanwalts wurde kein Haus je gebaut. Foster hatte ein rasches Urteil gefordert, damit er das Gefängnis möglichst schnell verlassen und seine Opfer ausbezahlen könne. „Ich bin ein alter Mann und will lebend aus dem Knast herauskommen", sagte er. Die im Sternkreiszeichen Skorpion geborene Jodie Foster ist bisher in der Öffentlichkeit nicht negativ aufgefallen, weder durch Drogen noch durch Selbstfindungstrips. Für Journalisten, die sie interviewten, war sie stets eine angenehme Gesprächspartnerin. Ihre Lieblingsschauspieler sind Meryl Streep und Robert de Niro.

Filme von Jodie Foster

1970: Gefährliche Begegnung (Menace on the Mountain, Fernsehfilm)

1972: My Sister Hank (Fernsehfilm)

1972: Flucht in die Wildnis (Napoleon And Samantha)

1972: Round Up (Kansas City Bomber)

1973: Tom Sawyers Abenteuer (Tom Sawyer)

1973: Ein Kamel im Wilden Westen (One Little Indian)

1974: Ein Lächeln vor dem Tode (Smile Jenny, You're Dead, Fernsehfilm)

1974: Alice lebt hier nicht mehr (Alice Doesn't Live Here Anymore)

1976: Echos eines Sommers (Echoes Of A Summer)

1976: Taxi Driver

1976: Bugsy Malone

1976: Ein ganz verrückter Freitag (Freaky Friday)

1976: Das Mädchen am Ende der Straße (The Little Girl Who Lives Down The Lane)

1977: Liebeserwachen; alternativ: Stunde der Zärtlichkeit (Moi, Fleur Bleue)

1977: Strandgeflüster (Casotto)

1977: Abenteuer auf Schloß Candleshoe (Candleshoe)
1980: Jeanies Clique (Foxes)
1980: Jahrmarkt (Carny)
1982: Spuk im Ehebett (O'Hara's Wife)
1983: Obsession – Die dunkle Seite des Ruhms (Svengali, Fernsehfilm)
1984: Hotel New Hampshire (The Hotel New Hampshire)
1984: Ein Engel auf Erden (Gastrolle)
1984: Das Blut der Anderen (Le Sang Des Autres)
1986: In guten und in schlechten Zeiten (Mesmerized)
 1987: Five Corners – Pinguine in der Bronx (Five Corners)
1987: Siesta
1988: Katies Sehnsucht (Stealing Home)
1988: Angeklagt (The Accused)
1990: Catchfire
1991: Das Schweigen der Lämmer (The Silence Of The Lambs)
1991: Das Wunderkind Tate (Little Man Tate)
1992: Schatten und Nebel (Shadows And Fog)
1993: Sommersby
1994: Maverick – Den Colt am Gürtel, ein As im Ärmel (Maverick)
1994: Nell

1997: Contact
1999: Anna und der König (Anna And The King)
2002: Lost Heaven (The Dangerous Lives Of Altar Boys)
2002: Panic Room
2004: Mathilde – Eine große Liebe (Un Long Dimanche De Fiançailles)
2005: Flightplan – Ohne jede Spur (Flightplan)
2006: Inside Man
2007: Die Fremde in dir (The Brave One)
2008: Die Insel der Abenteuer (Nim's Island)
2009: New York Mom (Motherhood)
2011: Der Biber (The Beaver)
2011: Der Gott des Gemetzels (Carnage)

Quelle: Wikipedia und Internet Movie Database

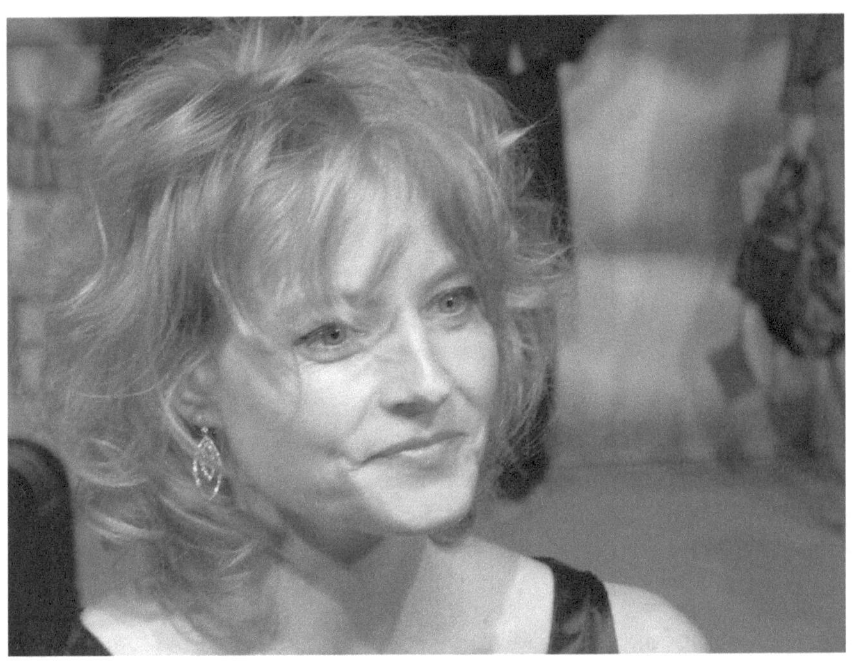

Jodie Foster
am 13. September 2007 in Berlin

Auszeichnungen von Jodie Foster

Oscar

1977: nominiert als beste Nebendarstellerin in „Taxi
Driver"

1989: ausgezeichnet als beste Hauptdarstellerin in
„Angeklagt"

1992: ausgezeichnet als beste Hauptdarstellerin in
„Das Schweigen der Lämmer"

1995: nominiert als beste Hauptdarstellerin in „Nell"

British Academy Awards

1977: ausgezeichnet als vielversprechendste
Newcomerin in „Taxi Driver" und „Bugsy Malone"

1977: ausgezeichnet als beste Nebendarstellerin in
„Taxi Driver" und „Bugsy Malone"

Golden Globes

1977: nominiert als beste Darstellerin in einem
Musical oder einer Komödie in „Ein ganz verrückter
Freitag"

1989: ausgezeichnet als beste Darstellerin in einem
Drama in „Angeklagt"

1992: ausgezeichnet als beste Darstellerin in einem

Drama in „Das Schweigen der Lämmer"
1995: nominiert als beste Darstellerin in einem
Drama in „Nell"
1998: nominiert als beste Darstellerin in einem
Drama in „Contact"
2008: nominiert als beste Darstellerin in einem
Drama in „Die Fremde in dir"
2012: nominiert als beste Darstellerin in einem
Musical oder einer Komödie in „Der Gott des
Gemetzels"

Quelle: Wikipedia

Zitate von Jodie Foster

Dieses ewig Auf und Ab, das unser Leben ist, kann manchmal überwältigend sein.

Es ist schwer, in die Zukunft zu sehen, wenn du dich von einer Vergangenheit nicht verabschieden kannst.

Ich bin keine Diva, ich sehe mich nicht als eine dieser prätentiösen Schauspielerinnen, die diese Laufbahn nur gewählt haben, um Beachtung zu bekommen.

Ich finde es furchtbar, mich von einer gewohnten Umgebung zu verabschieden.

Ich fühle mich schwach, unsicher und abgekämpft.
Ich fühle mich nicht stark, ich fühle mich,
als hätte ich keinen Überblick darüber, was ich mache.
Vielleicht ist das das Geheimnis meines Erfolges.

Ich kann mich an keinen Augenblick in meinem Leben erinnern, an dem ich ohne Verantwortung für andere leben konnte.

Wenn du es durch ein bestimmtes Loch
hindurch schaffst,
was immer dir gerade Schlimmes passiert ist,
dann ist das Licht am Ende des Tunnels
das Bewusstsein, dass du nicht die Einzige bist,
die so etwas durchmassen musste.

Wenn ich mich selbst nicht kreativ ausdrücken könnte,
wprde ich wahnsinnig.

Wenn ich nicht arbeiten könnte, wäre ich ein Wrack.

Literatur

BIEBL, Elmar: Ich war nie das putzige Hollywood-Püppchen, Spiegel-Online, 24. Januar 2000

CHUNOVIC, Louis: Jodie Foster. Ein Porträt, Köln 1997

FEMBIO Frauen-Biographie-Forschung
http://www.fembio.org

FEST, Marc: Bekenntnisse eines Verlierers. Buddy Foster gibt Privates seiner berühmten Schwester preis, Berliner Zeitung, 24. Mai 1977, Berlin

FISCHER, Robert: Jodie Foster, München 1995

FOSTER, Buddy: Jodie Foster. Ein Biographie, Düsseldorf und München 1997

HEINZLMEIER, Adolf: Jodie Foster, Wien 1993

INTERNET MOVIE DATABASE
(Film-Datenbank)
http://www.imdb.com

KARASEK, Hellmuth / SORGE, Helmut: Der Preis der Sinnlichkeit. Die Filmschauspielerin Jodie Foster über ihr Regiedebüt „Das Wunderkind Tate". Der Spiegel, Heft 6, Hamburg 1992

KOCHIUS, Sonja: Jodie Foster – mit eisernem Willen von Erfolg zu Erfolg, Bergisch-Gladbach 1996

PROBST, Ernst: Superfrauen 7 – Film und Theater, Mainz-Kostheim 2001
PROBST, Ernst: Königinnen des Films, München 2012
PUBLIKUMSLIEBLINGE NICHT NUR VON GESTERN http://www.steffi-line.de
Inte
VIANNEY, Sarah: Ich bin keine Diva. Die Presse, 24. November 2011, Wien
WIKIPEDIA (Online-Lexikon) http://wikipedia.org
WINNERT, Derek (Herausgeber): Jodie Foster. Aus: Kino. Die große Welt der Filme und Stars, S. 91, Niedernhausen 1995
WYDRA, Thilo: Jodie Foster: natürlich, offen und professionell. Mehr Intimität in der Regiearbeit, Allgemeine Zeitung, Journal, 27. April 1996, Mainz

Bildquellen

Klaus Benz, Fotograf, Mainz-Laubenheim: 42

Georges Biard/CC-BY-SA3.0 (Foto bei der Verleihung des „César" vom 25. Februar 2011): 6 (via Wikimedia Commons), lizensiert unter CreativeCommons-Lizenz by-sa-3.0-de
http://creativecommons.org/licenses/by-sa/3.0/legalcode

Jack Duval/CC-BY2.0/http://www.flickr.com/photos/cliffspics/173605305(Foto in der University of Pennsylvania vom 15. Mai 2006): 20 (via Wikimedia Commons), lizensiert unter CreativeCommons-Lizenz by-2.0-de
http://creativecommons.org/licenses/by/2.0/legalcode

Alan Light/CC-BY2.0 (Foto bei der „Oscar"-Verleihung vom 29. März 1989): 1 (via Wikimedia Commons), lizensiert unter CreativeCommons-Lizenz by-2.0-de
http://creativecommons.org/licenses/by/2.0/legalcode

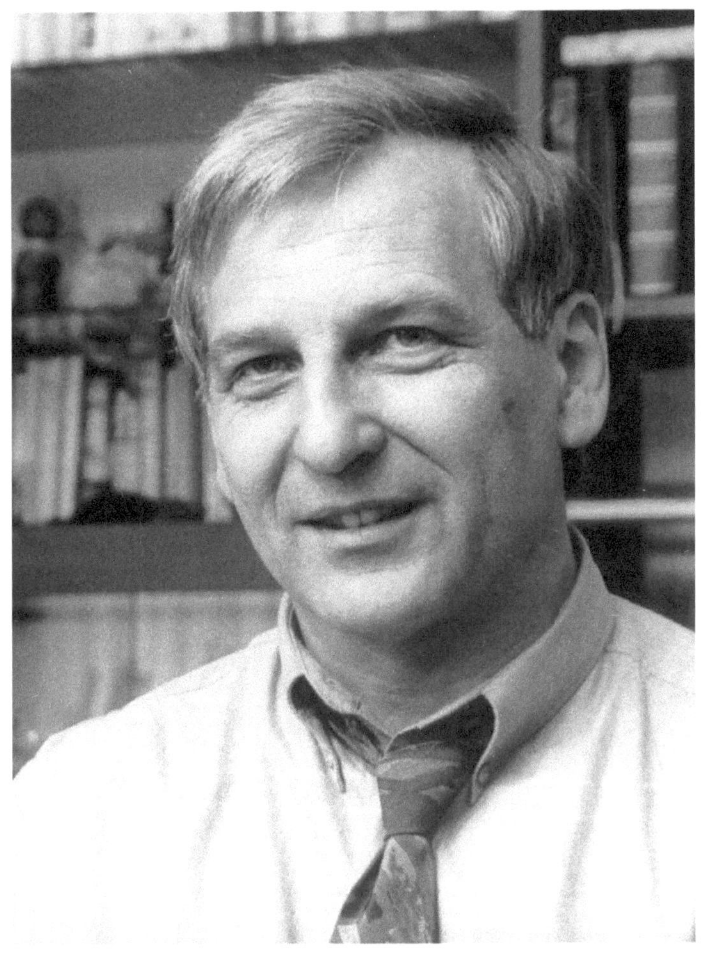

Autor Ernst Probst

Der Autor Ernst Probst

Ernst Probst, geboren am 20. Januar 1946 in Neunburg vorm Wald im bayerischen Regierungsbezirk Oberpfalz, ist Journalist und Wissenschaftsautor. Er arbeitete von 1968 bis 1971 als Redakteur bei den „Nürnberger Nachrichten", von 1971 bis 1973 in der Zentralredaktion des „Ring Nordbayerischer Tageszeitungen" in Bayreuth und von 1973 bis 2001 bei der „Allgemeinen Zeitung", Mainz. In seiner Freizeit schrieb er Artikel für die „Frankfurter Allgemeine Zeitung", „Süddeutsche Zeitung", „Die Welt", „Frankfurter Rundschau", „Neue Zürcher Zeitung", „Tages-Anzeiger", Zürich, „Salzburger Nachrichten", „Die Zeit", „Rheinischer Merkur", „Deutsches Allgemeines Sonntagsblatt", „bild der wissenschaft", „kosmos", „Deutsche Presse-Agentur" (dpa), „Associated Press" (AP) und den „Deutschen Forschungsdienst" (df). Aus seiner Feder stammen die Bücher „Deutschland in der Urzeit" (1986), „Deutschland in der Steinzeit" (1991) und „Deutschland in der Bronzezeit" (1996). Von 2001 bis 2006 betätigte sich Ernst Probst als Buchverleger sowie zeitweise als internationaler Fossilienhändler und Antiquitätenhändler. Insgesamt veröffentlichte er rund 200 Bücher, Taschenbücher, Broschüren und E-Books.

Bücher von Ernst Probst

(Auswahl)

Als Mainz noch nicht am Rhein lag

Annie Oakley
Die Meisterschützin des Wilden Westens

Archaeopteryx. Der Urvogel
aus Bayern

Christl-Marie Schultes. Die erste Fliegerin in Bayern
(zusammen mit Theo Lederer)

Cortés und Malinche. Der spanische Eroberer
und seine indianische Geliebte

Der Europäische Jaguar

Der Mosbacher Löwe
Die riesige Raubkatze aus Wiesbaden

Der Rhein-Elefant
Das Schreckenstier von Eppelsheim

Der Sögel-Wohlde-Kreis

Die nordische Bronzezeit in Deutschland

Die Hügelgräber-Kultur in Deutschland

Die ältere Bronzezeit in Nordrhein-Westfalen

Die Bronzezeit in der Lüneburger Heide

Die Stader Gruppe

Die Oldenburg-emsländische Gruppe

Die Urnenfelder-Kultur in Deutschland

Die ältere Niederrheinische Grabhügel-Kultur

Die Unstrut-Gruppe

Die Helmsdorfer Gruppe

Die Saalemündungs-Gruppe

Die Lausitzer Kultur in Deutschland

Die Dolchzahnkatze Megantereon

Die Dolchzahnkatze Smilodon

Die Säbelzahnkatze Homotherium

Die Säbelzahnkatze Machairodus

Die Schweiz in der Frühbronzezeit

Die Rhône-Kultur in der Westschweiz

Die Arbon-Kultur in der Schweiz

Die Schweiz in der Mittelbronzezeit

Die Schweiz in der Spätbronzezeit

Dinosaurier von A bis K. Von Abelisaurus
bis zu Kritosaurus

Dinosaurier von L bis Z. Von Labocania
bis zu Zupaysaurus

Eiszeitliche Geparde in Deutschland

Eiszeitliche Leoparden in Deutschland

Frauen im Weltall

Hildegard von Bingen. Die deutsche Prophetin

Höhlenlöwen. Raubkatzen
im Eiszeitalter

Julchen Blasius
Die Räuberbraut des Schinderhannes

Katharina II. die Große.
Die Deutsche auf dem Zarenthron

Johann Jakob Kaup
Der große Naturforscher aus Darmstadt

Königinnen der Lüfte in Deutschland

Königinnen der Lüfte in Europa

Königinnen der Lüfte in Amerika

Königinnen der Lüfte von A bis Z

Rund 70 Kurzbiografien berühmter Fliegerinnen,
Ballonfahrerinnen, Luftschifferinnen,
Fallschirmspringerinnen, Astronautinnen und
Kosmonautinnen

Königinnen des Films

Königinnen des Tanzes

Königinnen des Theaters

Malende Superfrauen

Meine Worte sind wie die Sterne

Die Entstehung der Rede des Häuptlings Seattle
(zusammen mit Sonja Probst)

Monstern auf der Spur
Wie die Sagen über Drachen, Riesen
und Einhörner entstanden

Neues vom Ur-Rhein
Interview mit dem Geologen und Paläontologen
Dr. Jens Sommer

Österreich in der Frühbronzezeit

Österreich in der Mittelbronzezeit

Österreich in der Spätbronzezeit

Pompadour und Dubarry. Die Mätressen
von Louis XV.

Raub-Dinosaurier von A bis Z.
Mit Zeichnungen von Dmitry Bogdanav
und Nobu Tamura

Rekorde der Urmenschen
Erfindungen, Kunst und Religion

Rekorde der Urzeit
Landschaften, Pflanzen und Tiere

Säbelzahnkatzen. Von Machairodus
bis zu Smilodon

Säbelzahntiger am Ur-Rhein. Machairodus
und Paramachairodus

Superfrauen aus dem Wilden Westen

Tony und Bruno Werntgen. Zwei Leben für die Luftfahrt
(zusammen mit Paul Wirtz)

Was ist ein Menhir?
Interview mit dem Mainzer Archäologen
Dr. Detert Zylmann

Weisheiten der Indianer

Wer ist der kleinste Dinosaurier?
Interviews mit dem Wissenschaftsautor Ernst Probst

Wer war der Stammvater der Insekten?
Interview mit dem Stuttgarter Biologen
und Paläontologen Dr. Günther Bechly

Zenobia von Palmyra.
Eine Frau kämpft gegen die Römer

Bestellungen bei: http://www.grin.com